Agnès Claverie

VISITER ROCHEFORT

Photographies de Guy-Marie Renié.

SUD OUEST

Il y avait l'eau et la terre. L'océan montait, redescendait, se retirait, rejeté vers l'ouest par la glaciation, revenait enfin engloutir les terres basses, en un mouvement aux lentes pulsations millénaires. Ainsi s'explique la géographie du pays rochefortais ; îles en mer semées comme des cailloux par une main de géant dans l'estuaire de la Charente ; îles en terre émergées de l'océan vert du marais. Quadrillé de canaux et fossés, coupé par le fleuve qui deux fois par jour se gonfle des flots salés qu'il pousse jusqu'à Saint-Savinien, le pays rochefortais, de terres et d'eaux mêlées respire au rythme du flux et du reflux, prête ses arbres aux vents de galerne, promène ses cargos à travers champs et les grands voiliers dans son histoire.

Un pays où il faisait bon vivre.

Construit au XIe siècle sous le vocable de Notre-Dame, le plus ancien monument de la ville - La Vieille Paroisse - réunissait aux jours de prière les habitants de la paroisse de Rochefort. Dans cette boucle du fleuve Charente, dont Henri IV disait qu'il était «le plus beau ruisseau en son royaume», une place forte (Rocca Fortis) protège la vallée. A ses pieds, un semblant de port, autour la forêt dense, et quelques hameaux dont les noms désignent encore aujourd'hui certains faubourgs de la ville. En la chatellenie de Rochefort, province d'Aunis, «y faisait bon vivre», si l'on en croit un «immigré» du Bas Poitou qui au XVe siècle a trouvé là asile et travail.

Le Roi cherche une terre.

Nous voici au mitan du XVIIe siècle. Le sieur de Cheusses habite le logis édifié par l'aïeul de sa femme, à quelques centaines de mètres en aval du château féodal aujourd'hui disparu - cet Hôtel de Cheusses qui, longtemps résidence des commandants de la Marine, abrite depuis les années trente le Musée naval.

Bâti par le Seigneur de Chausses, propriétaire de la Chatellenie de Rochefort, avant l'arrivée des hommes du roi, l'Hôtel de Cheusses est l'une des plus anciennes constructions de la ville.

L'échauguette dite à la Vauban est une survivance des remparts qui entouraient la ville avant leur destruction après la mort de leur défenseur, Pierre Loti.

6

1661. Colbert devenu ministre du jeune Roi Louis XIV veut donner à la France une marine digne d'un grand Etat et d'un grand Roi. A peine vingt navires quand il prend les affaires en main, plus de deux cent cinquante à sa mort en 1683. Mais pour créer de toutes pièces une flotte, et surtout pour la rendre indépendante de l'étranger, il faut construire des arsenaux. Car Brouage, œuvre de Richelieu s'envase. La Seudre est d'accès difficile. La Rochelle pense mal, c'est-à-dire protestant. Brest présente des dangers pour la navigation du XVIIe. L'embouchure de la Loire aussi.

Les «missi dominici» chargés d'explorer les côtes atlantiques finissent par fixer leur choix sur la Charente. On balance entre les terres de Soubise et de Tonnay-Charente. La première appartient aux Rohan, la seconde aux Mortemart, qui tant les uns que les autres font la grimace. En y mettant le prix peut-être. Et puis entre les deux, il y a cette chatellenie de Rochefort, propiété d'un membre de la R.P.R —Religion prétendue réformée— inconnue à la cour et rachetable à perpétuité par la couronne. L'endroit presque idéal. D'autant plus qu'on ne paiera pas trop cher ; et même pas du tout à en croire certains historiens.

Une affaire de Famille.

Pour expliquer ce choix, Colbert de Terron, le cousin de l'autre, a mis en avant la sureté de la rade abritée des mauvais coups de vents par la barrière des îles, la facilité de défense d'un site protégé par les circonvolutions du fleuve qui font bouclier (l'expédition ratée de l'amiral néerlandais Tromp en apportera plus tard la preuve), et il a souligné la richesse de l'arrière-pays comme de sa forêt. En 1665, la décision est prise ; on construira à Rochefort ce qui deviendra «le plus magnifique arsenal du royaume». Colbert de Terron est chargé de l'organisation matérielle des travaux. C'est lui qui appelle à Rochefort François Blondel et le chevalier de Clerville ; le premier dessine les plans de la Corderie et en surveille la construction, le second poursuit les travaux de l'Arsenal.

De là-haut, le cousin tout puissant veille sur son œuvre. Par contrat, il a été établi que Colbert de Terron doit lui faire parvenir au moins trois lettres par semaine. Une aubaine pour les historiens... Mais Colbert ne se contente pas de rapports, il se déplace. En 1671, il vient se rendre compte de l'état d'avancement des travaux, visite les chantiers, interroge les ouvriers et repart satisfait. En 1682, il enverra son fils Seignelay, futur ministre de la Marine, visiter Rochefort.Et en 1688, cinq ans après la mort de Colbert, son cousin par alliance, Michel Bégon est nommé par le Roi Intendant de la Marine à Rochefort. Homme généreux, «illustre curieux» selon Claude Perrault l'auteur des contes, Michel Bégon fut le maître d'œuvre d'une ville demeurée jusqu'à son arrivée à l'état de chantier... et le «parrain» des bégonias.

En pages précédentes :
Tous les cordages de la marine royale ont été fabriqués à Rochefort, et la longueur de la Corderie, 372 mètres, s'explique par les méthodes de fabrication de la corde aux XVIIe et XVIIIe siècles.

Dans la partie dite de «l'Avant-Garde» de l'Arsenal, s'élevaient de très nombreux bâtiments : magasins particuliers, tonneleries, hangars et ces magasins généraux qui viennent d'être rénovés.

A l'étage de la Corderie, admirez le rythme harmonieux des mansardes aux frontons alternativement triangulaires et arrondis, tous chapeautés d'une identique boule de pierre.

8

La Corderie Royale, cet immense vaisseau de pierre.

Coincée entre la rivière et l'éperon rocheux où s'élevait le château fort, une longue prairie inondable. Largeur environ cent mètres. C'est l'endroit choisi par François Blondel pour implanter la Corderie. La première pierre est posée au début de l'année 1666. L'architecte a fait sonder le sol et trouvé sous une première couche de glaise de la vase molle d'une telle profondeur qu'il assure dans son rapport n'en avoir pas touché le fond. S'inspirant alors des techniques hollandaises, Blondel fait creuser la prairie de profonds et larges fossés qui seront quadrillés de pièces de chêne, dont un examen minutieux lors de la reconstruction dans les années 80 a montré l'excellent état. Ainsi la Corderie, cet immense vaisseau de pierre repose sur un radeau de bois. Posé sur la vase molle, ce radeau pourrait chavirer comme s'il était en mer ; alors les maçons pour repartir également le poids sur toute la surface ont du placer les fondations de pierre en même temps sur toute la longueur de l'assise en bois.

La construction de la Corderie va durer trois ans. Dans la prairie, les alentours, s'affairent des milliers d'ouvriers. Car on s'attaque aux autres bâtiments de l'Arsenal, formes de radoub, magasins généraux, fonderies de canon, magasins aux vivres... Les matériaux, pierres de Crazannes, arbres des forêts de Rochefort et Tonnay-Charente sont péniblement charroyés sur les mauvais chemins de terre, et plus souvent empruntent la voie fluviale. La population, attirée par ce «far-west» charentais (2 525 habitants en 1669, plus de 13 000 en 1685) se loge comme elle le peut dans de pitoyables cabanes de planches, «les cayennes». L'ordonnance de la ville viendra plus tard. La Corderie et l'Arsenal d'abord.

Un bâtiment industriel balancé comme un alexandrin.

La Corderie royale, ce bâtiment industriel est «un grand corps de logis entre deux gros pavillons et un double dans le milieu», écrit l'architecte Le Vau que Colbert a dépêché pour surveiller les travaux. C'est réduire à quelques mots ordinaires l'élégance du bâtiment.

Symphonie parfaitement composée entre la rigueur des lignes droites rythmées de douze en douze pieds par l'entaille des ouvertures, et le jeu harmonieux des mansardes aux frontons alternativement triangulaires et arrondis, tous chapeautés d'une identique boule de pierre, la Corderie royale de Rochefort a la pureté balancée d'un alexandrin. Le couronnement du pavillon central est orné du double «L» du Roi-Soleil, et aux deux pavillons des extrémités, l'architecte a placé des faux frontons pour alléger l'ensemble. Sur la façade arrière, des contreforts on été rajoutés quelques années plus tard pour soutenir le bâtiment qui prenait de la gîte. Ah ! les bâtisseurs de XVIIᵉ qui savaient faire d'une nécessité technique une œuvre d'art...

La longueur de la Corderie, 373 mètres, s'explique par sa fonction, la fabrication des cordages pour les vaisseaux de sa Majesté. Cardés, peignés, filés, les filaments de chanvre attachés à une molette actionnée par une roue sont tendus par le cordier qui, en reculant les répartit de manière aussi égale que possible afin de fabriquer des fils de caret réguliers. Les ficelles tordues ensemble par deux, trois, ou davantage, deviennent, bitord, merlin, toron. Quatre torons «commis» ensemble forment une aussière, trois aussières un grelin, plusieurs grelins serviront à confectionner les cables.

Une histoire longue de trois siècles.

Pendant deux siècles, les ouvriers de la Corderie ont fabriqué tous les cordages qui équipent tous les navires de la Marine française. et quand le travail presse les cordiers s'installent à même la prairie devant la Corderie. Mais l'activité de Rochefort et de son Arsenal varie avec celle de la «Royale». Se gonflant en temps de guerre, elle s'essoufle à chaque traité de paix. Avec les améliorations techniques, le nombre des ouvriers diminue, et au début du XXᵉ siècle, l'apparition de la vapeur en supprimant les mâts des navires condamne définitivement la raison d'être de la Corderie qui reste cependant domaine militaire.

Incendiée en 1944 comme tout l'arsenal par les Allemands en retraite, la Corderie Royale est abandonnée à son silence. Quinze ans passent. La végétation a envahi les ruines dégradées par le gel, les intempéries, les pilleurs d'épaves. Menacée un temps de servir de remblai à une voie sur berge charentaise, la Corderie sera sauvée de l'anéantissement par un amiral. Juste retour des choses.

Séduit par l'élégance de ses formes, et devinant intuitivement le parti à en tirer, l'amiral Dupont décide de remplacer les séances de gymnastique de ses hommes par des corvées de débroussaillage. Les marins se piquent au jeu. On évacue les débris abandonnés par le temps et les occupants successifs ; on met à jour les pavages anciens. En 1967, la Marine reçoit le Prix des Chefs d'œuvre en péril, la même année la Corderie est classée Monument Historique. Enfin la Ville rachète à la Marine les terrains de l'Arsenal et en 74 Le Contrat Ville Moyenne lui offre les moyens financiers de ses ambitions, redonner à la Corderie la vie avec le mouvement.

Onze ans de travaux. Les toitures sont refaites à l'identique, les murs extérieurs remontés en pierres, dont les neuves sont taillées avec les outils du 17ᵉ siècle par des compagnons qui ont su retrouver les gestes lents et appliqués de leurs aïeux. Le coût de construction imposé oblige à employer le béton pour l'intérieur et le sous-œuvre. Mais les matériaux modernes, apparents en particulier dans les plafonds, traités avec suffisament d'habilleté deviennent éléments de décoration.

Successivement le Conservatoire du Littoral, la Ligue pour la protection des oiseaux, le Centre international de la mer prennent possession de l'aile sud. La Chambre de Commerce et d'Industrie s'installe dans l'aile nord ; entre les deux, la bibliothèque-médiathèque. Mer, culture, économie trois pôles du passé et du quotidien rochefortais qui ont trouvé dans la Corderie Royale un lieu chargé d'histoire et devenu lieu de vie.

Le plus magnifique Arsenal du royaume.

La Corderie royale est la pièce maîtresse, la reine de l'Arsenal. Mais la construction des navires et leur armement nécessite l'intervention de dizaines de corps de métier et de nombreux bâtiments et hangars sont élevés tout autour. A deux cent mètres en amont de la Corderie, la Vieille forme, la plus ancienne forme de radoub maçonnée au monde, et derrière l'Hôtel de Cheusses la forme double et le forme Napoléon III. Au sud de la Corderie (dans l'actuelle ZI de l'arsenal), on construit et mâte les vaisseaux. Les hangars abritent les forges aux ancres, les voileries, les ateliers des tourneurs, des charpentiers, des tonneliers, serruriers, sculpteurs. Les cales de lancement se pressent côte à côte, posées perpendiculairement à la Charente. Disparus les Magasins particuliers qui, si l'on en juge par les dessins d'époque, étaient aussi formidables que la Corderie. Seuls ont survécu aux avatars de la guerre et du temps les ateliers de la mâture (établissements Zodiac), le commandement du port (SOGERMA-SOCEA), et les magasins généraux dont il faut voir le fronton de la porte nord et les très belles charpentes intérieures. Rénovés par la municipalité ils ont été loués à des entreprises.

Par mesure de sécurité les poudrières étaients construites à l'écart des habitations. Celle de Saint-Maurice transformée ensuite en prison est aujourd'hui le Conservatoire de musique ; la poudrière de la Vieille Forme explose désormais sous les décibels des amateurs de musique rock, et une troisième sur le terrain de l'Ecole des Fouriers a été convertie en chapelle.

Au sud de l'Arsenal, on avait creusé une fosse-aux-mâts, une autre à Lupin, une troisième sur la rive gauche, les fosses de la Gardette, les seules à être encore ouvertes. Le contact de l'eau rend le bois imputrescible, on plongeait donc plusieurs mois durant dans ces fosses les arbres servant à faire les mâts. Car pour supporter les 5 000m^2 de toile nécessaires à l'envol de ces pachydermes de la mer, les vaisseaux de premier rang sont armés de trois ou quatre mâts dont le plus grand mesure quelques soixante-dix mètres et utilise à lui seul une douzaine de sapins.

La complexité de la mâture des vaisseaux de haut rang ne le cède en rien à celle de leur charpente. Trois ponts au-dessus des cales, un château arrière de quatre ou cinq étages et des rangées de canons alignés dans chacun des ponts... les bâtiments de guerre changeront peu jusqu'à la révolution de la vapeur et des coques en fer.

Deux cent soixante années consacrées à la construction navale.

Dès les débuts de sa construction l'Arsenal de Rochefort livre à la Marine treize vaisseaux, une galère (on en construira au total une quinzaine), plusieurs brigantins ; vingt-six gros cuirassés et six brûlots en 1673, des croiseurs, des cuirassés, des sous-marins dans

Oeuvre d'Auguste Giral la Porte du Soleil fermait l'Arsenal. Son nom, elle le doit au fait que, à l'équinoxe de printemps et d'automne, le soleil se lève dans son axe.

les dernières années avant la fermeture en 1927.

Quelques noms à retenir parmi les milliers de navires sortis de l'Arsenal. Plusieurs «Dauphin Royal» mais la maquette exposée au Musée Naval est une maquette d'instruction ; le «Duguay-Trouin», un vaisseau de 74 canons lancé en 1801, capturé quelques années plus tard par les Anglais. En 1949, le «Duguay-Trouin» qui naviguait toujours (étonnante longévité) a été sabordé dans la Manche sous le double pavillon anglais et français. Un autre «Duguay-Trouin», bateau-école des aspirants est un familier du port de Rochefort au début de ce siècle. Le premier bateau à vapeur de la Marine, le «Sphinx» a fait ses essais sur la Charente ; le «Plongeur» sous-marin expérimental est lancé en 1863 dans l'un des bassins de commerce, sans grand succès. Mais quelques années plus tard le «Lutin» et le «Farfadet» réussiront leur plongée dans les eaux du port. Le «Dupleix» est le dernier grand cuirassé à être lancé à Rochefort en 1900, mais entre les deux guerres Rochefort devient un centre important de construction de ballons annonçant l'implantation de l'Armée de l'air.

Une main-d'œuvre peu coûteuse les bagnards.

Cent ans après la pose de la première pierre de la Corderie les travaux de construction de l'Arsenal n'avancent pas aussi rapidement que prévu. Un Intendant de la Marine trouve la solution. On fera venir de Brest des bagnards, main-d'œuvre peu coûteuse et corvéable à merci. Rien n'ayant été prévu pour les recevoir, les bagnards sont logés d'abord dans la tonnellerie et dans des salles sommairement aménagées. Leur nombre augmentant sans cesse —ils seront jusqu'à deux mille— il devient nécessaire d'ouvrir une annexe à la caserne Martrou, encore une autre au Vergeroux. On connait assez bien la vie quotidienne de ces malheureux jusqu'en 1852, date de fermeture du bagne de Rochefort, grâce au récit illustré de naïfs dessins qu'en a laissé un des pensionnaires, Clémens.

Les bagnards, dit-on pouvaient gagner leur liberté s'ils réussissaient à enlever la dernière cale des navires au moment de la mise à l'eau, sans se faire écraser par la masse énorme lancée comme un rouleau compresseur ; un seul y serait parvenu en creusant un trou sous la quille du bateau ; légende peut-être, mais réalité… l'obligation de la cordelle. Tels des oiseaux privés d'ailes, les vaisseaux sont incapables de se déplacer en rivière par leurs propres moyens ; les canons, le ravitaillement sont transportés par gabarre, l'armement sera complété en rade de l'Ile d'Aix, après que les navires aient été halés jusqu'à l'embouchure du fleuve, quelquefois par des bœufs, plus souvent à bras d'hommes ; c'est la cordelle…

Sur la Place Colbert, Jacques Demy a tourné quelques scènes de ses Demoiselles de Rochefort, sous le regard immobile de la Charente et l'Océan mêlant leurs eaux au sommet de la fontaine.

Contre les épidémies : des hôpitaux.

Quand il n'y a ni bœufs ni bagnards, les civils sont requis pour cette corvée ; en échange il est convenu qu'ils seront admis à l'Hôpital de la Marine, l'hôpital civil ou plutôt son ébauche datant seulement de la fin du 18e ; pas de cordelle, pas de soins. Les épidémies pourtant se succèdent. Ah les «miasmes de Rochefort» ont-ils fait «jaser». Accusés les arbres ; on les a coupés puis replantés lorsqu'on a compris qu'ils n'étaient pour rien dans la propagation des épidémies. Accusé plus vraisemblable l'assainissement déplorable ; et encore les marins, affaiblis par les mauvaises conditions de vie à bord, qui répandent en ville les troubles dont ils sont atteints. Marins et ouvriers de l'Arsenal sont accueillis dans le premier hôpital maritime de la ville, le bâtiment qui touche le Commissariat aux vivres, aujourd'hui Caserne Charente.

En 1782 la décision est prise de construire un nouvel Hôpital de la Marine. Les travaux sont confiés à l'ingénieur Pierre Toufaire qui, en «homme des Lumières» applique le nombre d'or à ses plans. Le bâtiment principal, 13 000 m², est surmonté d'un dôme à l'italienne, au centre une large porte ornée de quatre colonnes d'ordre corinthien en marbre gris des Pyrénées ouvre sur un vestibule où se déploie un vaste et élégant escalier de pierre à rampe de fer forgée. A l'étage supérieur, une chapelle ronde sertie de fines colonnades ; les deux branches du «H» sont constituées d'ailes latérales suivies sur la façade sud de deux ailes légèrement décalées ; enfin deux pavillons sur l'avant dessinent une cour carrée prolongée au delà par la perspective du Cours d'Ablois.

Le pavillon de gauche (désormais propriété du Musée de la Marine) était le domaine de l'Ecole de Médecine, Chirurgie et Pharmacie fondée en 1722 par Jean Cochon-Dupuy qui préparait à Santé Navale. L'Hôpital de la Marine définitivement fermé en 1982 a été vendu aux enchères en 89. Deux cents ans exactement après sa construction.

La tempête révolutionnaire.

Terrible hiver 1788-89. La Charente et la mer sont prises dans les glaces. Comme partout, les cahiers de doléances de la ville de Rochefort réclament le vote par tête, l'égalité devant l'impôt, l'uniformisation des poids et mesures... mais les délégués rochefortais à la sénéchaussée de La Rochelle refusent de siéger si Orceau, procureur du roi et roturier représentant l'Intendant de la Marine qui lui a remis ses pouvoirs n'est pas admis par la noblesse d'Aunis.

La Fête de la Confédération réunit sur la Charente les soldats de tout le département devenu «Charente-Inférieure», et c'est parce que les Lazaristes refusent de prêter serment à la Constitution civile du Clergé que la Marine annexe le clocher de leur chapelle pour en faire la Tour des Signaux ; la chapelle des Capucins — Eglise Saint-Louis — est alors érigée en paroisse ; le 17 décembre 1790 les bateaux du port hissent les trois couleurs. Petites histoires qui s'effacent devant

Le jardin des retours va ceindre la Corderie royale dans un cadre de verdure rappelant les liens de la ville avec son fleuve et les plantes exotiques ramenées de l'au-delà des mers.

En pages suivantes :
La Maison de Pierre Loti, féérique, somptueuse, exotique... Ici la salle Renaissance, où fut donnée en 1903 la fameuse fête chinoise.

la grande quand la Terreur jette son ombre sur la ville. Les matelots et les ouvriers de l'Arsenal se révoltent. Pourtant on lance encore des navires, la guerre est proche. Et puis la guillotine du département est montée sur la Place de la Liberté (Place Colbert). Triste honneur pour la ville.

Mais l'épisode le plus terrible de cette dramatique époque est celui dit des pontons. Condamnés à la déportation en Guyane les prêtres réfractaires sont conduits à Rochefort, enfermés dans la prison Saint-Maurice, dans le couvent désaffecté des Capucins, l'Arsenal, l'Hôpital maritime. Lorsqu'on ne sait plus où les mettre, on les entasse sur deux vaisseaux, «Le Washington» et «Les Deux associés» mouillés en rade, et sur des pontons, navires démâtés et non manœuvrants. La disette, les épidémies, les mauvais traitements fauchent les condamnés ; les corps sont jetés à la mer. En si grand nombre que les riverains se plaignent. Alors on enterre les morts dans l'Ile d'Aix et l'Ile Madame, où une croix de galets marque le lieu de l'inhumation. Un pèlerinage, le dernier dimanche du mois d'août, commémore le souvenir de cette tragédie.

L'histoire se fait à Rochefort.

C'est de Rochefort que l'un des héros de la Révolution, Gilbert de Lafayette part pour rejoindre les Armées d'Amérique. «L'Hermione» et «La Cérès» sous le commandement de René Levassor de la Touche Tréville, futur amiral, lèvent l'ancre le 11 mars 1780. Une avarie immobilise les deux vaisseaux en rade d'Aix, jusqu'au 20 mars date de départ d'une traversée qui durera un mois. Six mille hommes embarquèrent à Rochefort à la suite de Lafayette pour aller combattre aux côtés des «Insurgents».

Après Waterloo, Napoléon avait espéré trouver refuge dans ces jeunes Etats-Unis. L'Empereur est arrivé à Rochefort le 3 juillet 1815. Il loge à la Préfecture maritime dans cette même chambre où en août 1808, il avait dormi après la visite de la ville aux côtés de Joséphine, resplendissante dans sa robe blanche et son chapeau vert voilé de blanc. Et la foule rochefortaise acclame l'Empereur malheureux comme elle a acclamé l'Empereur victorieux. Il est vrai que l'Empire a été une période faste pour l'Arsenal. Plusieurs rochefortais proposent une évasion, et un ancien soldat de Napoléon, Nicolas Chauvin, présente les armes ; la légende veut que ce fidèle ait donné son nom au chauvinisme. Le lendemain matin, l'empereur embarque de la plage de la Coue à Fouras. A dos d'homme, dit-on car la marée est basse. La «Saale» escortée de «La Méduse», le mène à l'Ile d'Aix où Napoléon passera sa dernière nuit sur le sol français avant de monter à bord du «Bellérophon» en route pour l'exil de Saint-Hélène.

«La Méduse» a fait ce jour-là sa première courte apparition dans l'histoire. Mais voilà qu'elle va devenir l'héroïne d'une aventure dramatique... Le 17 juin 1816, plusieurs navires dont «La Méduse» appareillent pour le Sénégal, sous les ordres de M. de Chaumareys, un ancien émigré, homme sans conscience ce qui aurait été de peu d'importance s'il n'eut été aussi un prièrtre marin. Quelques jours après le départ, «La Méduse» s'échoue sur le Banc d'Arguin au large des côtes de Mauritanie. On connaît la suite, et le tableau qu'en a peint Géricault. Sans eau ni vivres, cent quarante-six hommes et une femme se réfugient sur un radeau de fortune. Le 17 juillet, un navire découvre quinze survivants — cinq d'entre eux mourront à l'hôpital. Jugé par un Conseil de guerre réuni en rivière de Charente, Chaumareys est condamné à trois ans de prison et rayé de la liste des officiers. Cent quatre-vingt-trois ans après le naufrage, l'équipage du «Lisanj» quitte Rochefort dans le but de repérer l'épave de la Méduse, mission accomplie.

Passionné par la Turquie et l'Orient, Pierre Loti a recréé dans sa maison —une maison banale d'une rue banale— l'atmosphère des salons mauresques.

20

Le port des grands départs.

Nouveau clin d'œil de l'histoire. René Caillié, né à Mauzé, mais qui a longtemps vécu à Rochefort a fait partie de cette expédition pour le Sénégal. Il a, lui, embarqué sur la flûte «La Loire». Douze ans plus tard réalisant tous ses rêves d'enfant triste, il est le premier européen à entrer dans Tombouctou la cité mystérieuse, et à en revenir.

Tous les enfants de Rochefort ont joué aux grands départs sur les rives de la Charente, bâtissant des mondes lointains et mystérieux à la mesure de leurs imaginations. Quelques uns sont partis. René Caillié, nous l'avons dit, mais aussi Ernest Trivier, René Bellot, Pierre Loti,... et combien d'autres oubliés par l'histoire. Ernest Trivier est fasciné lui aussi par le continent africain. Le 20 août 1888 il s'embarque. Aidé financièrement par la «Gironde» qui le nomme envoyé spécial, il traverse l'Afrique centrale de part en part, de l'Océan Atlantique à l'Océan Indien. René Bellot a choisi le Grand Nord. Au cours d'une de ses expéditions, Bellot qui a donné son nom à un détroit de l'Artique disparaît dans une crevasse de la banquise. Un très curieux monument —quatre oursons blancs supportant un canot renversé— a été élevé à sa mémoire dans le cimetière de Rochefort.

Pierre Loti ainsi qu'il le souhaitait a été enseveli dans le jardin de la maison de famille à Saint-Pierre-d'Oléron. Louis, Marie, Julien Viaud de son vrai nom est né à Rochefort le 14 janvier 1850, dans cette petite maison rachetée par la municipalité et transformée en musée. Derrière une façade banale, identique à toutes celles d'une rue banale, le voyageur et écrivain a rassemblé les objets rapportés de ses expéditions, transformant l'intérieur petit bourgeois de son enfance, en un «melting pot» de styles et de décors où s'entrecroisent la Renaissance et la Chine, la Turquie, le Moyen Age et le Japon. Etonnante maison, manifestation de l'ambiguïté d'un homme qui fuyant devant ses démons intérieurs n'a jamais coupé le cordon ombilical le rattachant à son enfance, source où il lui fallait se retremper régulièrement.

Officier de marine, Pierre Loti commence à écrire lors d'un voyage dans l'Ile de Pâques. Son premier roman «Aziyadé» obtient un succès d'estime. Avec «Rarahu», c'est le début de la gloire. Suivent «Le mariage de Loti», «Le roman d'un spahi», «Mon frère Yves», «Pêcheur d'Islande»... Remarquable dessinateur, bon pianiste, Pierre Loti était également un excellent photographe, et à mon avis meilleur reporter que romancier.

Reçu à l'Académie Française en 1891 à l'âge de 41 ans, entre deux voyages il vit à Rochefort, donne des fêtes costumées où il reçoit des personnalités parisiennes. Mais c'est à Hendaye qu'il meurt en 1923. Son corps est ramené à Rochefort, on lui fait des funérailles nationales ; au cours d'une dernière navigation, il est ramené sur cette île tant aimée, où l'enfant Julien Viaud a un jour, découvert la mer, «quelque chose de sombre et de bruissant... une étendue en mouvement qui me donnait le vertige...», cette mer dont il a eu alors le pressentiment qu'elle finirait par le prendre.

Construite pour le Roi-Soleil qui ne vint jamais dans sa ville, la Préfecture maritime est devenue le logement de l'intendant puis résidence des commandants de l'arrondissement maritime.

Et le jardin des retours...

Le port c'est aussi le retour. Y débarquent les parfums, les couleurs d'un ailleurs étrange qui le maquillent de teintes exotiques. Le soleil s'y fait plus vif, l'air est parfumé comme une cuisine tropicale. Aux XVIIe et XVIIIe siècles, les expéditions scientifiques se multiplient et rapportent plants et graines de ces contrées lointaines où les arbres touchent le ciel et les fleurs ressemblent à des papillons. Un des membres de cette famille Dupuy souvent rencontré au détour des itinéraires de la ville, crée un Jardin botanique à une extrémité du Jardin du Roi, devenu par le suite le Jardin de la Marine. C'est de Rochefort que partent pour les Antilles les premiers caféiers mokas, pour la Guyane l'arbre à pain ramené des Antilles par Bégon, pour Tahiti la canne à sucre. C'est à Rochefort que s'est acclimaté le mûrier, et que sont plantés les tulipiers et magnolias rapportés par La Gallissonnière, petit-fils de Bégon. Mais les plus beaux ornements de ce jardin d'Aunis sont les bégonias, et c'est autour de la collection de bégonias de la ville (la plus importante d'Europe) que va se construire le «Jardin des retours» ressuscitant l'épopée des expéditions scientifiques, et redonnant à la ville une ouverture sur son fleuve.

Histoires d'eaux.

Bâtie pour servir la Marine de Louis XIV, sur un marais où l'eau à fleur de terre jaillit au moindre attouchement, cernée par un fleuve que les marées poussent jusqu'au pied des constructions, mais qui pendant des siècles a été dissimulée aux regards à cause du barrage de l'Arsenal, Rochefort est née sous le signe de l'eau. Impossible jusqu'à la fin du XIXe de traverser la Charente autrement qu'avec la barque du passeur, à Martrou et à Soubise. Puis vient le pont transbordeur d'Arnodin exemplaire unique en France de ce type d'ouvrage ; enfin le pont à travée levante, remplacé dans les années 90 par un nouveau pont fixe.

Le problème du passage de la Charente est résolu. Celui de l'approvisionnement en eau douce ne l'est que depuis une dizaine d'années. A quelques mètres de la Corderie, une fontaine et un réservoir alimentés par des sources ont été édifiés au XVIIe. Les navires se ravitaillaient à la fontaine de Lupin dont le châpiteau sculpté est déposé dans la cour de l'Hôtel de Cheusses. Malgré la construction de plusieurs châteaux d'eau —dont celui qui se trouve près de la station thermale— de fontaines (la fontaine de la Place Colbert l'une des plus anciennes est surmontée d'un groupe sculpté par Bourguignon représentant la Charente et l'Océan mêlant leurs eaux) et de puits, les difficultés d'approvisionnement ont duré jusqu'après la deuxième guerre mondiale ; les rochefortais d'un certain âge n'ont pas oublié le «café salé», l'eau des puits étant régulièrement polluée par des infiltrations d'eau saumâtre.

En 1831, on entreprend des forages dans la cour de l'Hôpital de la marine, et il en jaillit... de l'eau chaude et fortement minéralisée. Les analyses chimiques et bactériologiques ont fait la preuve de l'action bénéfique de cette eau thermale sur les ulcères variqueux, certaines dermatoses et l'arthrose ; et la source thermale a été baptisée du nom de «L'Empereur».

Ville d'eau, bâtie sur l'eau, Rochefort a de tout temps connu des problèmes d'alimentation en eau potable résolus en parti par la construction de ces puits-fontaines.

Conjuguer le passé au présent pour assurer le futur.

Thermalisme, réouverture des bassins de plaisance, agencement des rives du fleuve en passant par l'aménagement des étangs de Charente, en collaboration avec la L.P.O, et la modernisation du port de commerce, l'eau est devenue l'une des clefs de voûte du dispositif de mise en valeur de la ville.

Le traumatisme de la fermeture de l'Arsenal et des destructions de la guerre est oublié; la réhabilitation de la Corderie a été le coup de pouce qui a mis en branle un engrenage que rien ne pourra plus arrêter. Rochefort bâtit l'avenir sur les fondations de son passé. L'histoire maritime de la ville, les hommes qui l'ont faite et son patrimoine s'unissent pour dynamiser le tourisme et l'économie. Mariage heureux qui portera des fruits.

Ce qu'il faut voir à Rochefort, «Ville d'art et d'histoire».

On doit à Michel Bégon l'ordonnance d'une ville découpée en damiers comme le voulait l'architecture militaire et classique de ces villes nouvelles du XVIIe. Les rues étirées en perspectives rectilignes se rejoignent sur l'horizon. Une ville d'angles droits où la seule courbe est celle du fleuve, une ville qui se déguste à petites gorgées comme un vieux cognac... La lumière se fait transparente au printemps, et les soirs d'orage dore les pierres des maisons. Poussez les portes qui dissimulent des cours tièdes et fleuries et des envolées d'escaliers. Levez le regard pour ne pas manquer la rondeur d'un balcon, le feston d'une embrasure de fenêtre. Sous les marronniers du Jardin de la Marine, Alain Fournier —l'auteur du Grand Meaulnes— a rencontré Yvonne de Galais ; elle était mariée, il l'aimait toujours.

Suivez dans les rues venteuses l'ombre de Pierre Loti qui vous conduira jusqu'à la route du transbordeur, «deux kilomètres d'une avenue bien droite bordée de vieux arbres rabougris et qui portent tous la chevelure inclinée à gauche à cause des vents marins...», et celle des navigateurs, découvreurs de terres, naturalistes, dont les expéditions se résument en quelques objets aux couleurs fanées cachés derrière des volets clos et aux récits de voyages dans les annales de la Société de géographie.

Les Musées.

Commencez la visite de la Ville et de l'Arsenal par celle du plan-relief de Touboulic (1835) au Musée d'art et d'histoire qui donne une bonne idée de l'activité importante de l'Arsenal dans le passé. Ce Musée est installé dans un ancien hôtel particulier du XVIIIe. A noter, les beaux balcons. Le Musée expose les œuvres de plusieurs bons peintres rochefortais. Une salle est consacrée aux legs des rochefortais, retour des colonies.

Le Musée naval est l'un des plus riches de province. Le Château de Cheusses, simple corps de bâtiment parallèle à la rivière n'a pratiquement pas changé depuis le XVIIIe ; il était la demeure des chefs d'escadre avant la fermeture de l'Arsenal. Le Musée expose de merveilleuses maquettes de vaisseaux, des gravures, des dessins ; des salles sont consacrées aux bâtiments modernes.

La Maison de Pierre Loti. Après les salons qui ont peu changé depuis le temps où y vivaient la mère puis la femme de l'écrivain, le hall Renaissance avec sa gigantesque cheminée. On atteint le premier par un bel escalier de pierre. C'est dans la salle Moyen Age que Pierre Loti donna le célèbre dîner Louis XI. La mosquée, le salon turc, et la chambre arabe surprennent par leur somptuosité ; l'éclairage refait selon les conseils d'une décoratrice d'intérieur accentue le côté théâtral de cet ensemble ; par contraste la chambre monacale de l'écrivain semble encore plus nue et dépouillée.

Enfin le Musée du Centre de la Mer à la Corderie propose une exposition permanente sur la corde et sa fabrication et des expositions périodiques sur le thème de la mer.

Les églises

La plus ancienne est la Vieille Paroisse (XIe ou début du XIIe). Une nef unique à trois travées, un transept dont les bras sont porteurs d'une absidiole à l'est. L'une des travées est carrée, l'autre moins profonde. Le chœur a conservé sa voûte en berceau brisé. Les éléments de décor retrouvés lors de la restauration en 1977 ont révélé une grande parenté avec la sculpture saintongeaise. La Vieille paroisse est devenu un Musée archéologique géré par la Société de géographie de Rochefort.

L'église Saint-Louis, ancienne chapelle des Capucins construite en 1836-39 sur un plan basilical est divisée en trois vaisseaux ; on y accède par un portique à colonnes corinthiennes et fronton triangulaire sur le modèle de la Madeleine à Paris.

L'église Notre-Dame dans le quartier Gambetta est de facture plus récente, et une chapelle Saint-Paul a été construite récemment dans un nouveau quartier près du Lycée Merleau-Ponty. Le Temple de la rue Jean Jaurès date de la première moitié du XIXe siècle.

Les hôtels.

La Préfecture maritime a été construite pour le logement du roi qui n'y vint jamais. La date de la construction est antérieure à 1674, mais le bâtiment a subi plusieurs transformations au cours des siècles. Après avoir été le logement de l'Intendant Michel Bégon, elle est devenue la résidence du commandant de l'arrondissement maritime de Rochefort. Après l'incendie de 1895, la porte monumentale a été déplacée pour se trouver dans l'axe des petites allées (rue Amiral Courbet). Une autre porte remarquable celle de l'Arsenal, dite du Soleil parce qu'aux équinoxes de printemps et d'automne, le soleil se lève dans son axe, a été érigée en 1730. A voir, l'Hôtel Mac Namara rue de la République, surmonté d'un toit à l'italienne à balustre, l'Hôtel de Tilly, l'Hôtel de la Touche-Tréville, la seule demeure de Rochefort qui présente un plan classique avec ses trois ailes entourant la cour ; très beau décor sculpté du porche, influencé par le style Régence. En face de l'Hôtel, les bâtiments encore occupés par des services de la Marine étaient ceux des fonderies de canon. L'Hôtel de Ville, place Colbert est installé depuis 1804 dans l'Hôtel d'Amblimont, construit soixante-dix ans plus tôt.

Le Théâtre de la Coupe d'or remonte lui aussi au XVIIIe. La salle à l'italienne a été décorée par Berinzago, et la machinerie dessinée par un architecte italien. Si la décoration de la salle a subi beaucoup de modifications, elle a gardé de cette époque le charme et la brillance.

Au dix-neuvième siècle, on construit des immeubles beaucoup plus ouvragés dont la poste est un des exemples les plus typiques. La très belle gare —inscrite à l'inventaire des sites— date du début du vingtième.

Les casernes

Lorsques les habitants furent déchargés du logement des troupes, il fallut construire des casernes. La caserne Martrou est un bâtiment, particulièrement harmonieux, et le seul à Rochefort à être pourvu d'arcades à cintres surbaissés. La caserne Charente, premier hôpital de la Marine se trouve dans le prolongement du Commissariat aux vivres qui depuis la construction de l'Arsenal était chargé du ravitaillement des troupes de la Marine.

La Sous-Préfecture vient d'être installée dans le très bel hôtel qui, après avoir abrité l'hospice des orphelines créé par Mme Bégon, était devenu le Cercle des officiers (Rue Jean-Jaurès). Des remparts démolis après la mort de Pierre Loti qui s'était fait leur défenseur, on ne voit que quelques restes : une échauguette près de l'Office du tourisme, et des morceaux de murs en divers endroits.

Témoignage de la passion de Pierre Loti pour l'Orient, témoignage de son amour pour Aziyadé la mosquée est un magnifique rêve bleu.

Construit à l'italienne par Berinzago, le théâtre de Rochefort (géré par le C.A.L.C.) retrouve son lustre d'antan lors de la saison lyrique.

Les ports.

Deux bassins de plaisance sont maintenant à la disposition des plaisanciers. Pendant longtemps Rochefort, ville militaire n'a pas pu obtenir de port de commerce. La Rochelle y mettant son veto. Un début de port s'installe au XVIIIe à la Cabane carrée en amont de la ville avant de se rapprocher de l'Arsenal. Le port de commerce occupe maintenant le Bassin N° III.

Les fortifications.

Clerville, puis Vauban parsèment la côte charentaise d'un ensemble d'ouvrage de défense qui ont pour objectif principal de résister aux tirs d'artillerie adverses, de protéger les pièces du défenseur et de couvrir les dépôts et garnisons du fort. Sont ainsi aménagés successivement le Château d'Oléron, Saint-Martin-de-Ré, et Aix, les forts de Lupin, du Vergeroux de Fouras (Fort de l'Aiguille et Fort Enet) et enfin le fort Boyard construit beaucoup plus tard ; beaucoup trop tard pour être d'une quelconque utilité dans une guerre moderne.

En pages précédentes :
Immense mécano jeté d'une rive à l'autre, le transbordeur est né avec le siècle et pendant plus de cinquante ans a fait traverser la Charente à des milliers de passagers, de voitures à cheval, et à moteur.

Dans cette ville de discrétion des hôtels sans prétentions ; ici la sous-préfecture, toute de rigueur et de charme.

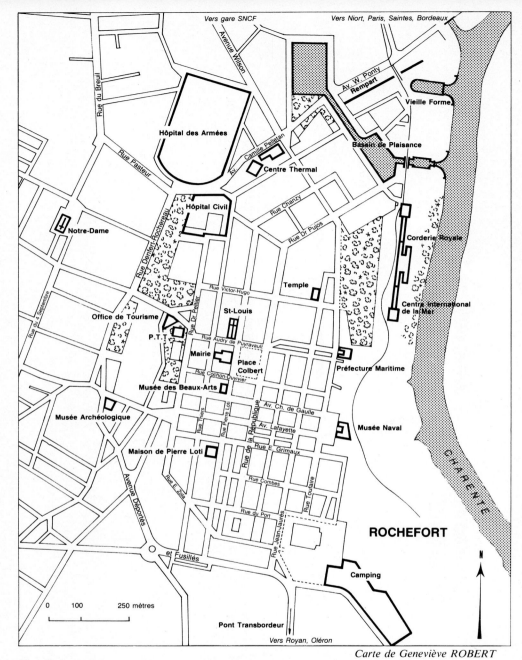

Carte de Geneviève ROBERT

1ère de couverture :
La Corderie royale, ce long vaisseau de pierre posé sur un radeau de bois, a la pureté balancée d'un alexandrin.

4e de couverture :
Les ports : rêves d'aventures qui, de retours en départs, viennent se poser au cœur de la ville.

© Copyright 1989 - Editions SUD-OUEST. Ce livre a été imprimé chez Raynard à La Guerche-de-Bretagne - 35 - France. La photocomposition a été réalisée par CS Rogé à Bordeaux - 33. Mise en page du studio des Editions Sud-Ouest à Bordeaux. Photogravure couleur de Photogravure System à Luçon - 85. Pelliculé par DCP à Château-Gontier - 53.
ISBN 2.905983.50.3 Editeur 041.01.08.07.89